# Tu café de pensar

## Cuestiona-té Analiza-té Conoce-té Acepta-té Ama-té

## Crea tu momento diario para crecer y ayudarte a llegar a donde quieres ser

Xanty Elías

Tu café de Pensar
*Cuestiona-té Analiza-té Conoce-té Acepta-té Ama-té*

Segunda edición: 2021

ISBN: 9788417416607



Impreso en España – Printed in Spain

*A todas las personas que han creído alguna vez en mí de forma sincera y que, con esa energía, ayudaron a que este libro naciera, como agradecimiento les ofrezco esta pequeña parte de mi ser...*

# Prólogo

Si algo define a Xanty, son sus sueños.

Cuando lo conocí, impartiendo juntos una conferencia en su querida Huelva, me sorprendió la magnitud de sus sueños y cómo gestionaba sus miedos.

Casi no había de esto último.

Estoy convencida de que los miedos y los sueños están en la misma balanza y en él se declina claramente hacia sus sueños, los cuales guían su vida y se convierten en el motor que lo impulsa a levantarse cada mañana.

La primera vez que lo vi, me transmitió seguridad, valentía, determinación, y casi dos metros de amor incondicional por lo que hace. Muchas personas trabajan en lo que les gusta, pero muy pocas en lo que verdaderamente aman. Xanty es uno de ellos.

Cada día sigue soñando, trabajando desde antes de salir el sol para hacerlos realidad.

Porque los sueños se aterrizan con esfuerzo, creyendo en ellos y en uno mismo, y afrontando con ilusión y ánimo cada uno de los obstáculos que encontramos por el camino, que no son pocos.

Cierra Acánthum y abre un universo entero.

En su camino de desarrollo ha ido ganando consciencia sobre quién es, qué quiere y cómo quiere vivir. Y muchas de esas reflexiones, las ha ido compartiendo en sus redes cada día en su café de pensar.

Y hoy las tenemos aquí, para tomarnos un café juntos, y sentir que cada día nos acercamos un poquito más a nosotros mismos, que es, sin duda, el destino de la vida.

Y ser un poquito más felices también, que no se nos olvide.

Laura Chica
Autora de los bestseller
365 Citas Contigo y Autoamor
www.laurachica.com

# Introducción

Gracias y enhorabuena ... Gran paso este por su parte, el elegir un libro tan especial y escrito desde lo más profundo de mi ser y consciencia. Tan solo el acto de cogerlo y abrirlo es un regalo para mí y espero que para ti también, ya sé que tu tiempo es oro y no quisiera que lo malgastaras. Permíteme que te tutee. Bienvenido/a a una lectura que te enfrentará a ti mismo, donde podrás desatar el gran poder que seguro llevas dentro y quizás no conozcas. Tan solo pretendo compartir mi visión de esta vida, que si la mezclas con tu visión y filosofía personal seguro que dan un fruto único y quizás tan profundo como para ser parte de un nuevo paradigma.

Todo nace en 2019, mientras me siento en el bordillo frío de la puerta de atrás del que era mi restaurante Acánthum, una zona ajetreada siempre por los proveedores para descargar sus mercancías. Sin embargo, yo solía sentarme antes, mucho antes de que todos ellos llegaran, a tomarme mi primer café, tranquilo, mirando al muro que se imponía a mi lado como protección de las inclemencias del viento y dejándome ver el azul de un día que asomaba claro. Y es ahí cuando fui consciente de que ese momento es único, cada día, un momento presente, conmigo mismo, donde cualquier pensamiento de cualquier índole lo analizaba sin juicio, sin polaridad, tan solo desde la observación, acompañándome junto con la temperatura del café y su sabor tostado. Y recuerdo en ese momento, los sobres de azúcar con frases de psicología barata, que de un modo u otro me hacían sentir a veces agradecimiento, otras, vergüenza ajena, incluso puede que en algún momento me hicieran... pensar. Pensar, mientras muevo la crema suave del café y recibo su olor agradable, y lo miro con deseo de ser el primero en un momento único de mi vida, envuelto en un gran tsunami de conocimiento personal. Y cada mañana, con cada café empecé a pensar con calma lo vivido el día anterior centrándome en alguna parte que me llamara la atención de forma especial.

Era abandonar la parte negativa, la derrotista, la laboral, la personal incluso, solo observar y dar rienda dentro de mi calma a ese pensamiento, que desde la neutralidad, analizaba e interiorizaba para todo el día. Y ahí nació el café de pensar.

Esta obra nace para recopilar algunos de esos cafés de pensar que incluso durante el 2020, junto con la pandemia hicieron un recorrido en redes sociales ayudando a muchas personas a que encontraran su momento para que desde la calma crearan su propio café de pensar.

Este libro está pensado para consultarse de forma libre, sin hacer una previa clasificación del mismo, no hay un orden preestablecido y que te haga seguir por un paso u orden condicionado. Cada uno de los 101 cafés de pensar son libres e invitan a leerlos en primera persona, e interiorizar para observar las emociones que despiertan y ver «desde» donde nacen esas emociones y hacia donde pretender ir. De hecho te dejo una zona donde poder crear tus notas para que sea tan único como tú.

Espero que lo disfrutes y lo interiorices como lo hice yo al escribirlo.

No tendrás que esperar mucho para poner en práctica y ver los resultados que vas a cosechar con «Tu Café de pensar» tan solo ábrelo cuando te tomes ese momento para ti y listo, empezarás a notar todo el valor que tienes dentro de ti.

Estoy seguro que este libro te ayudará a darte cuenta, a estar presente de una manera sencilla, solo relacionándolo con tu café o té que inaugura tu mañana, para empezar desde la consciencia tu día, creando un hábito saludable, que notarás en tu cuerpo y sobre todo en tu mente. Yo no soy un gurú de nada ni nadie, tan solo te ofrezco pequeños puntos donde prestar atención, para observar-te y pasar de tu autojucio, al autoamor.

## *1. ¿Ya te has dado cuenta que lo único que no recuperas en la vida es el tiempo?*

Trato de buscar el desapego de todo, excepto en aquello que necesito para vivir, y eso es el tiempo presente. Sin tiempo presente nada es posible.

Los grandes cocineros aprenden a usar el tiempo como ingrediente clave.

¿Dedico mi tiempo a lo que me hace feliz?

## *2. Soy honesto, es decir, sincero cuando incluso no me ven, y creo que eso mueve el mundo hacia el lado correcto*

A veces el lado correcto no es el fácil, simplemente es el correcto. El que me acerca a mi objetivo, mi centro.

¿Eres tu propio objetivo?

## *3. La última vez que dije «no» a los demás, olvidé decirme si a mí mismo*

Porque no trato de pasar de lo que me rodea, ni vivir al margen, apegado a mi ego. Lo que busco es darme mi sitio, sin más y sin menos. Y para ello debo estar pendiente a mi mismo, desde la asertividad y si fuera posible, ... positivo.

## *4. La ilusión de velocidad me hace creer que ahorro tiempo, pero en realidad me desconecto del consciente y termino acelerándolo y acortando los días*

Correr. La vida me hace correr en muchos sentidos, pero el problema está en la parte de la frase que dice «me hace». Realmente soy quien «me hago», me dejo llevar por el ritmo, y aunque a veces sea tan difícil no hacerlo, tomarlo por rutina es la muerte del ser.

Mi consciencia es la que me libera de ese momento, cuando miras por la ventana y parece que vas en el tren montado, sin control, veloz, y sin poder ver la dirección por mucho que te acerques a la ventana.

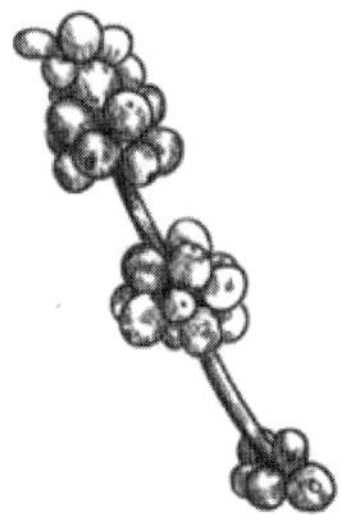

## *5. Nadie puede hacerte más feliz que tu mismo*

Y qué difícil es hacerlo, pero es así. Depende de mí ser más feliz, de protegerme de los que no aportan, y no es trabajo fácil. Empiezo a cuidar lo que entra dentro de mi mente y lo que me rodea, así el siguiente paso de empezar a tomar decisiones más internas será más fácil.

## *6. Pensar que hay tantas cosas que pensar... hace que el verdadero arte... sea elegir en qué pienso*

Porque pensar forma parte de mi ego, y como no puedo evitarlo, solo gestionarlo, al menos elijo el pensamiento. Y elegir qué piensas, es un autentico arte, ya que cada momento es diferente y debo estar preparado para adaptarme. cambiar mi propio ser.

## *7. Una de las mejores preguntas que me puedo hacer a mí, es ¿para qué?*

Y sobre todo observa desde dónde te la puedes hacer. Ya que será una de las mejores respuestas y más certeras que puedes darte a ti, sea la que sea, tendrá sentido si la respondes desde la sinceridad.

## *8. Cuando tú estas bien, el mundo está bien, no intentes arreglar el mundo*

Cuando uno es consciente de que forma parte de un todo muy personal, realmente aprende ser responsable de sí mismo.

Atenderse es arreglarse en lo que uno necesita, y es el comienzo del cambio de todo lo que te rodea.

## *9. ¿De verdad esperas que cuando pase la pandemia todo será igual??? ¿Y si fuera necesario para reflexionar?*

Todo en la vida pasa, sucede y es vivido, y en concreto, esta pandemia ha puesto algo en común a «casi» todos los seres humanos. Quizás por eso sintamos más empatía entre nosotros, o quizás sea un espejismo temporal. Lo que creo firmemente es que todo lo que sucede cambia las cosas y las evoluciona, y el pasado no volverá en forma de presente, por eso no volverá a nada ser igual, aunque sea la propia percepción de nosotros.

## *10. Y ¿hoy? ¿Te escucharás o seguirás emborrachándote de Nextflix y HBO?*

La pregunta es tan clara como directa, tener tiempo y cómo usarlo es nuestra elección y nuestra responsabilidad. Y para nada es un mensaje contra la cultura, es más bien con el exceso de información que nos narcotiza y hace que no nos oigamos a nosotros mismos, nuestro cuerpo, nuestro ser.

## *11. Como encaro la situación, cuando en mi vida sé que habrá un nuevo tren y dudo, entre subirme o verlo pasar desde la estación*

Es difícil tomar la decisión, porque de ella nacerán otras y otras, y a veces esas decisiones son excluyentes.

Cada uno tiene sus trenes y desde la responsabilidad, sólo me nace decirte primero que te dejes claro cual es tu objetivo.... que pienses y comentes desde la calma con quien necesites, pero sobre todo, no dejes de tomar una decisión, sea la que sea.

## *12. ¿Y desde que estoy en casa confinado cuando tiempo he dedicado a escucharme sin juicio?*

Háblate sin enjuiciarte. Es la mejor manera de empezar a demostrarte a ti y a los demás cómo quieres tratarte, y en definitiva cómo quieres que te traten. Porque el juicio propio nace de tu ego.

*13. Tantos y tantos errores cometidos, sin embargo, cada uno de ellos tatúa en mi ser una mejora a fuego, que se muestra como... «reconozco mis errores por que generan una mejora en mí»*

¡¡¡Qué maravilla es errar!!! Es la forma más clara de aprender, de tener una oportunidad para mejorar y crear tu mejor versión, por eso no tengas miedo, ¡adelante!

## *14. Amiga/o, si tengo que pensarlo demasiado... posiblemente la respuesta sea no*

Siempre busco la confianza de poder sentir las decisiones que tomo y los pasos que doy.

Cada vez que pienso (uso el ego) menos las cosas, y las «noto» más en mi ser, me va mejor. A m y a todo lo que me rodea como si todo estuviera conectado conmigo.

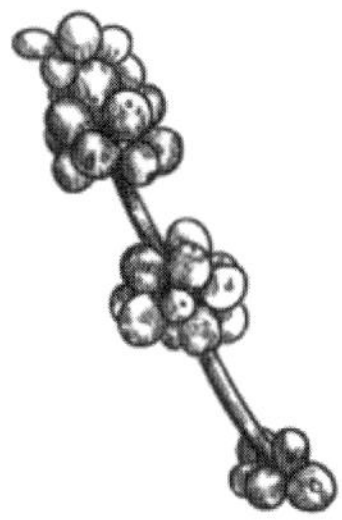

## *15. ¿Y si te paras a observar? ¿y si pienso cómo he llegado hasta aquí, y si me trato bien, y si me hablo bien? ¿No crees que todo cambiaría?*

A veces vamos conduciendo y nos damos cuenta de que hemos pasado por lugares que apenas recordamos. Es sólo un ejemplo de la rutina inconsciente que nos rodea. Y no toda esta rutina es mala al 100%, lo malo es no poder parar, observarnos, y cuidarnos con calma para poder modificarla a nuestra necesidad.

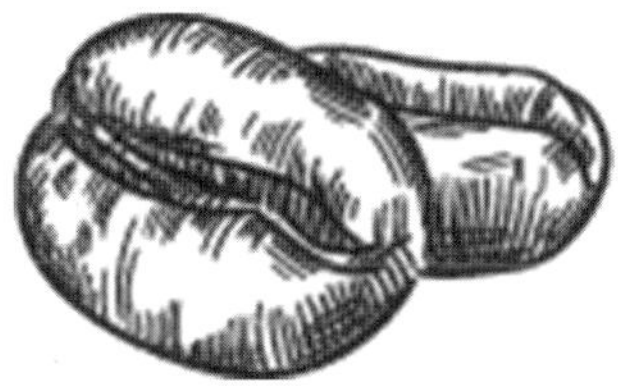

## *16. Si no me rindo, veré en el próximo intento, aumentar las probabilidades de conseguirlo, ... tesón o matemáticas, pero sigue adelante*

Cada uno tiene su apuesta, la probabilidad o el esfuerzo, o incluso la múltiple opción, que suele ser más inteligente.

La cuestión es que sea cual sea, no dejes de intentarlo, porque si tiras la toalla no funcionarán ninguna de las dos.

*17. Me permito sentir, permito que la emoción fluya para encontrar el camino de lo que busco y al final me doy cuenta de que el camino es el que me encuentra a mí*

Permitirme a mí mismo.

Una frase al principio difícil de comprender, porque puedo pensar que soy yo quien no me dejo fluir. Y es así, cuando soy inconsciente. Por eso, incluso puedo afirmar que mi propio camino soy yo. Mi trabajo en mí y para mí. Porque si estoy bien todo estará bien.

Si esta última frase te suena egocéntrica, mira desde donde la lees.

# El ego

El ego, ese compañero que no nos dejará nunca, y que debemos aprender a vivir con él. Yo reconozco que he abusado sin ser consciente de él, o podría incluso decir que el mismo ego me hizo ser así, pero prefiero verlo desde el punto de la responsabilidad de lo vivido. Toda mi vida he confundido la autoconfianza con el ego, y cuando digo confundir, es que siempre he buscado una y he abrazado la otra. Esto no hacía más que darme golpes de realidad y guantazos de humildad. El tiempo me ha regalado la posibilidad de mirarme por dentro, y aprender a diferenciar entre quién soy yo y mi propio ser. Para ello he usado la observación, y yo me he acostumbrado a verlo todo desde la sencillez, como la definición de la «línea recta»: la unión entre dos puntos por el camino más corto. Pues al poner en marcha esto en mi día a día, de observar, necesitas: El punto «A»: desde donde observas, importante por ahí nace la emoción con la que verás todo después. El punto «B»: objetivo que observas, hacia dónde está tu foco, tu atención, tus sentidos... Pero ¿qué pasa cuando eres tú el objetivo de la observación? El ego conseguiría doblar esa línea y hacerla desde «A» hasta «A» de nuevo, generando un círculo, en su mayoría vicioso. Sin embargo, si dejas la línea recta para observar con foco al punto «A» debes estar y SER el «B», es decir, salir de ti, de tu ego y observarlo desde fuera. Sólo así sentirás esa calma que te muestra que eres tu propio camino.

## *18. Me siento, me observo, me cuestiono, me cuido, me vengo abajo, me levanto, me ilusiono, me cuido*

Me, me, me, y mil veces me. Desde el ser y el sentir, desde tu propio análisis sin juicio, cuida – TE. Cuida tu ser.

## *19. No busco la culpa, ni dentro ni fuera, ... busco la responsabilidad en mí, para ofrecerla a los demás*

La culpa no existe, la inventamos nosotros para añadirla a nuestras mochilas o las de los demás, y no voy a centrarme en ¿por qué? se creó o ¿para qué?

Solo abro la puerta de la responsabilidad, cada uno tenemos la nuestra, y aunque compartamos siempre tenemos que llevar la nuestra adelante. Ni más ni menos.

*20. El Covid-19 ha provocado de un modo u otro que haya salido el «safety car» ,.. todos estamos en la misma posición pero uno más cerca del otro y en movimiento, ... cuando se levante la bandera, todo dependerá de cómo haya conducido, si tengo las ruedas gastadas o no he cuidado el coche (a mí), quizás me toque entrar en boxes*

No dudes que el mundo no se ha parado, todo sigue, en otras formas, ritmos y direcciones, pero la carrera no solo es cuestión de velocidad, también de estrategia, y en gran medida lo que podemos gestionar es eso... nuestra estrategia.

## *21. Las personas cambiamos cuando: sufrimos lo suficiente o aprendemos demasiado por haber sufrido lo suficiente*

Una de las frases más controvertidas que he pensado, incluso parece derrotista, pero te aseguro que nace desde el amor. El sufrimiento es opcional y el ser humano no ha aprendido aún a erradicar el sufrimiento por completo de su vida. Por otro lado(,) no creo que se pueda. Lo que nos queda es minimizarlo y aprovecharlo para aprender.

## *22. Cuando todo tiembla, cuando todo es duda, cuando todo se pone cuesta arriba y soy consciente de lo impredecible del mundo... me tengo a mí, y es lo principal y básico para conquistar todo lo que me propongo*

Qué difícil es diferenciar autoconfianza con ego, pero es fundamental y necesario para poder avanzar desde un centro sano. Tenerse a uno mismo es algo que no se negocia, que no se piensa, que tan solo se siente. Siéntelo.

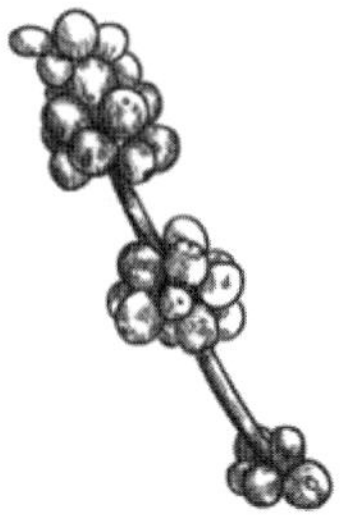

## *23. A veces... muchas veces y solo a veces pienso que siempre, siempre, casi siempre, todo saldrá bien*

Ay!!! Las incongruencias de la vida y los puntos de vista. El auto convencimiento desde el vacío o nuestra propia neurosis no sirve. Es más, es dañino, pero no debes nunca dejar de creer en la energía que creas. Tu propia energía.

## *24. ¿Pienso que me gobierno a mí mismo? O ¿crees que necesitas un gobierno externo? ... no se trata de cambiar al pastor si no de dejar de ser oveja.*

Deja de depender de tu entorno, deja de ondear cual bandera al viento. Analiza quien lleva el volante de tu vida, si no eres tú, entonces necesitas recuperarlo.

## *25. Deja de creer en ti, y conocerás la peor de tus pesadillas en la realidad*

Tócate, siéntete, crea en lo que creer, y cree en lo que creas, no te sueltes. Porque si piensas que tu situación no puede empeorar, ... si dejas de creer, verás como te equivocas.

## *26. ¿Estar «confitado» no es una carrera de lentitud?*

Es como llamamos los cocineros a estar «confinado». Muchos esperan y están añorando lo que fue, ... y yo me pregunto, ¿no será una carrera de lentitud? De pequeño hice alguna que otra con la bici, donde el ganador era el que llegaba último, pero no por llegar último, si no por tener el equilibrio de no caer, y no estar parado. Curioso.

## *27. ¿Y si antes de pensar en revolucionar al de enfrente, no lo hago conmigo mismo?*

Todo nace en uno mismo/a, y si el cuerpo te pide revolución, puedes empezar por ti mismo/a, y verás que revolucionarás todo lo que te rodea. Una revolución mínima puede ser cambiar a un desayuno más saludable, un hábito que genere energía o simplemente dar un paso importante como decir en voz alta cómo te sientes. Sea cual sea, empieza por ti.

## *28. Aumenta tu vocabulario mental, sal del círculo limitado por ti y tu entorno*

Cuida tus pensamientos, es tu voluntad, tu creencia, la que te habla, a ti, ... sí, es el ego, pero no puedes evitarlo aunque sí conducirlo. Esas palabras que te dices a ti son fundamentales que estén construidas desde el amor para cuidarte a ti mismo.

## *29. Acéptate por lo que se «eres». No vemos a los demás por como son, sino como somos nosotros mismos*

Son nuestro espejo, las personas que nos rodean son parte de la herramienta para vernos por dentro. Lo que mostramos a veces invisible a nuestro ojo, se plasma en lo que nos rodea, y nos define. No dudes de quien eres, pero no confundas lo que eres con lo que quieres transmitir, a veces no es lo mismo.

## *30. Me siento y me digo: si me desapego de llevar la razón y de hacer ver al otro que «la tengo», me siento auténticamente libre*

La razón en el fondo es una patata caliente, que cuanto más tienes en tu mano más se calienta, y nunca quieres pasarla, y cada vez te quema más,... ¿quién quiere perderla? el que lo haga gana.

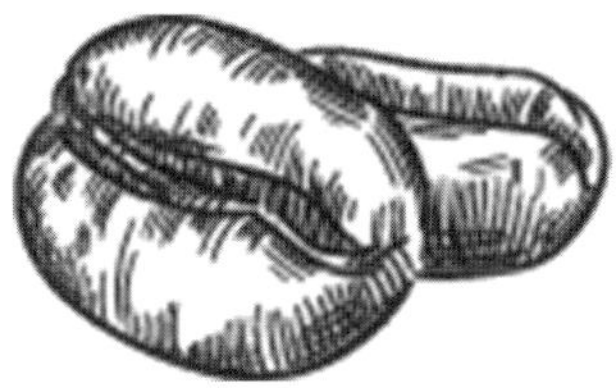

# La razón

Siempre, desde que tengo recuerdos, mi vida ha estado marcada por una competición. Llevar la razón. Recuerdo que desde pequeño siempre he querido tenerla, siempre he necesitado que me vean como alguien que sabe de lo que habla, que puede opinar, que podría aportar mi propia visión de las cosas y de este modo ser importante para los demás. Desde hace unos años, en el momento en el que empecé a buscarme por dentro, fui consciente de todo mi historial en busca de la razón.

Observo que hay varias razones por las que buscaba ese poder mágico que me abriera las puertas del mundo, muchas de ellas buscaban la atención y el amor de los demás. También era el ego el que se manifestaba cuando defendía mi visión desde la parte más descentrada del eneatipo 3 y que a veces, o mejor dicho casi siempre, me hizo sufrir de forma innecesaria y dolorosa.

Con el tiempo, aceptándome, observándome y cuestionándome, aprendí y aprendo que mi auténtica libertad reside en desapegarme de esa parte de razón que uno busca para ser más poderoso.

Soltar, aceptar que cada uno tiene su visión y su propia razón personal, que además está basada en la propia experiencia de cada persona con la que te relacionas, y tan solo intentar cambiarles la forma de pensar, en este caso por la tuya, es una pérdida de tiempo, energía y fuerza, que tan solo te acerca a una nueva cárcel emocional y a un distanciamiento de las personas que te quieren o podrían llegar a quererte.

Sé que la experiencia forma parte de nuestro ser, y sin lo vivido, hoy no seríamos lo que somos. Pero sí me arrepiento de haber discutido cuando era más joven, incluso cuando no lo era tanto, con las personas más cercanas a mí, como son mis padres, mis hermanos y hermanas, mis amigos y las personas que me quieren. Ojalá lo hubiera comprendido antes.

## *31. Mi caída es el aprendizaje inevitable y sirve de motivación para volver a levantarse*

Ese rebote, que a veces he sentido, ha sido inspirador, aunque no siempre tan sano como parece. Cuando veía que me sentía mal, pensaba que si caía fuerte, rebotaría con más fuerza y claro ... al final eso pasa factura. El tiempo me hizo ver que caer es una oportunidad para parar, pensar, analizar y volver a seguir con más experiencia.

*32. El conocimiento es como el dinero; en el mundo hay mucho de los dos y están mal repartidos. Hay pocos súper ricos y muchos súper pobres, hay pocos sabios y mucho imbécil suelto*

Jajajaja, me encanta porque define claramente mi visión del valor, y para mí el conocimiento y la cultura están, como mínimo, al mismo nivel que el dinero. La diferencia principal es que, con el segundo, consigues el primero pero no viceversa.

*33. Me paso la vida encerrado en el laberinto, pensando como escapar de él y de lo fabuloso que será estar fuera... e imaginar ese futuro idóneo me mantiene con vida, pero nunca escapo y uso el futuro para huir del presente que es lo único verdadero. Ahora por fin dejo de huir, conectando conmigo y con el AHORA.*

Deja de vivir en el mañana, siéntate y siéntete, ahora y aquí. Y disfruta.

## *34. El momento es ahora, el momento fue ahora, el momento será AHORA*

Pensamiento nacido de Eckhart Tolle. Todo pasa ahora, lo pasado no mueve molino, y el futuro no existe. Sólo ahora.

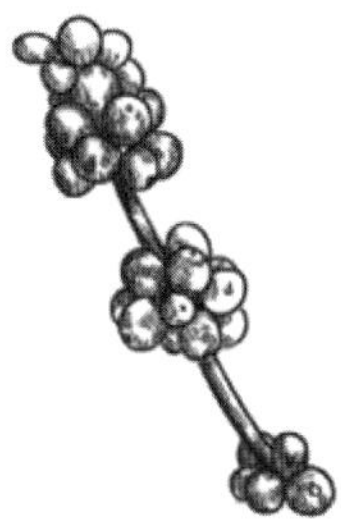

## *35. Cuando descubro lo emocionante que es vivir en el presente, no quiero volver ni al pasado ni ir al futuro nunca más!*

Es como probar una bebida nueva que, de pronto, te emociona y no quieres volver a beber nada de lo que bebías antes. Esa misma sensación de amor al detalle.

## *36. ¿Y si sale bien?*

Los *#ysi* son un poco bipolares, porque no sabes lo que le puede seguir detrás. Yo los uso para combatir el miedo, si le pongo una parte positiva. No falla.

## *37. Paro, respiro, acepto, confío, siento, fluyo*

Siempre nos venden, desde el sistema montado en la sociedad, que parar es de perdedores.

Yo pienso que es al contrario, es de valientes, y ganadores, parar para seguir más y mejor. Y cuando lo conectas con tu ser... uff es una sensación de flipar.

## *38. Todo el tiempo sin salir de casa, hace tener una sobredosis de redes sociales,... ¿qué han sustituido? Quizás el contacto con uno mismo*

A veces los cambios inesperados en nuestras vidas nos hacen tomar decisiones instintivas, menos meditadas, e incluso inconscientes y está claro, que al principio de la pandemia las redes sociales han sido claves para relacionarnos, sobre todo por la cantidad de tiempo libre... y ¿por qué no contactamos con nosotros mismos?

## *39. Cada paso define mi camino, y cada paso lo doy ahora, ni antes ni después*

Nos cuesta ser conscientes de lo que vale un pequeño paso. La perspectiva y conectar con el ahora son fundamentales, y cuando conectas con el valor real de un paso, ya estás andando.

## *40. El mundo ya se mueve otra manera, con otro ritmo, con otro compás ... y yo .... me dejo llevar. ¿quién soy yo para llevar la contraria a la naturaleza?*

Pues sí, quizás haya llegado tarde a este pensamiento, según algunos. Yo pienso que ha llegado cuando ha llegado, dejándome llevar, ... ha llegado ahora.

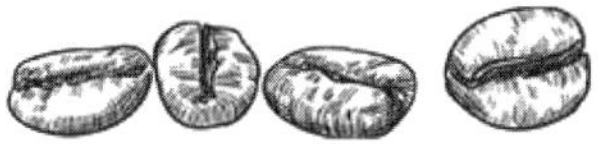

## *41. No busco elegir un camino. Ya estoy en el camino, el ahora, es el sendero a seguir*

Levanto la cabeza y miro al horizonte y ahora no veo nada. Así es. Sueño pero no veo en el futuro, tan solo, veo el ahora. Y en la huella que dejo para mañana.

## *42. Creo lo que soy, soy lo que creo*

Creo de crear no creer, y ser de sentir no de estar.

## *43. Es la calidad de las convicciones y no el número de followers lo que determinan mi éxito*

Si estás en contacto con el mundo de las RRSS, (si no es así es que eres de otro planeta), verás y vivirás que todo se ha basado en aumentar el número de seguidores, y no por que lo diga yo,... es el resultado de observar el número de empresas y servicios que ofrecen miles y miles de seguidores a cambio de dinero.

Éxito no es tener muchos que te sigan, si no que los que lo hagan crean en ti, crean en lo mismo que tu demuestras. Creer no es darle a «follow».

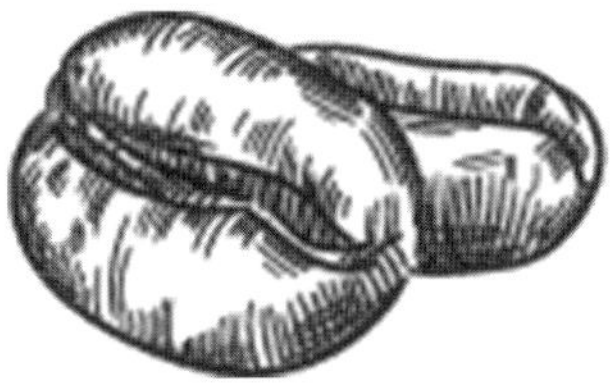

## *44. Qué gozada ser consciente de que la vida es una aventura y no un viaje organizado*

Al final es tu viaje, tu proceso, tu camino, tan solo te digo que merece la pena, y se disfruta más y mejor.

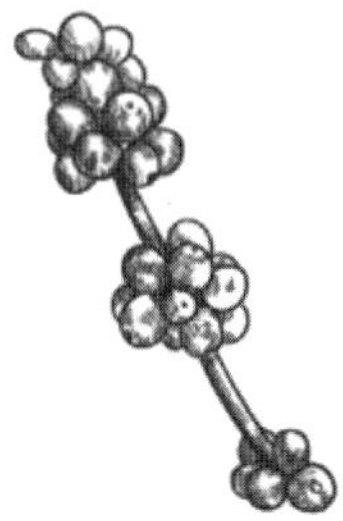

## *45. Sin mí... no soy yo*

El «mí» no es lo mismo que el «yo». El primero representa el ser, tu parte más pura, el segundo es tu ego, necesario para sobrevivir, pero un exceso de este último puede hacerte salir de tu sitio, de tu ser.

Pero lo bueno es que el ser siempre, siempre está ahí pase lo que pase.

## *46. Mi sensación de incertidumbre futura, potencia la energía del presente*

El miedo, en cierta medida es necesario para protegernos y alejarnos de ciertos problemas, pero no saber, es un motivo de creación de miedo bastante inquietante, sin embargo, deja la puerta abierta a abrazar el presente con energía.

*47. Cuando me busco no suelo encontrarme, ... es justo cuando acepto por qué busco, cuando me empiezo a ver.*

Me recuerda la novela de Harry Potter, y el espejo de "Oesed", donde se miraba y se veía con lo que más deseaba. Y para verte tienes que desearlo sin forzar lo que te rodea... aparecerá.

*48. Mi cuerpo siempre habla. El agotamiento físico, siempre es una forma de avisar de algo que no va bien en mi mente*

No lo olvides, tu mente y cuerpo son uno, están fielmente conectados.

*49. Si todo camino empieza por un paso, y al día doy 10000, son 10000 oportunidades de empezar el nuevo camino de mi vida, ¡¡cada día!!*

Soy mayor para emprender, me pilla viejo/a empezar, un poco tarde para mí, etc ... Mil excusas que nos decimos a nosotros, si tienes dudas lee de nuevo arriba y siéntelo. No lo pienses.

## *50. ¿Y si no sale como espero?, ... ni el tiempo pierdo cuando hago todo lo posible por conseguir mi objetivo, porque no espero, vivo el momento y ese momento no me lo quita nadie.*

Hace años que digo, que quien tropieza no cae, avanza un paso, y añado una pequeña reflexión.

En la línea de salida de una carrera de velocidad de 100 metros lisos, ... todos tienen una postura muy similar a cuando uno tropieza, ¿no te da qué pensar?

## *51. Se puede crear futuro estando en el ahora, suelta y obsérvate*

No hay otra opción, nuestra mente nos quiere hacer creer que no es así, pero solo ahora, solo en este momento puede ser posible todo. Fuera de este momento no hay opción posible.

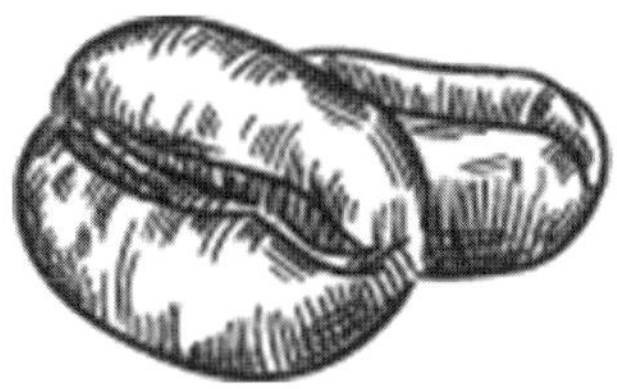

*52. Soy tan pequeño en el mundo que paso desapercibido, pero a la vez tan imprescindible como ese tornillo que nadie ve, que falla, y hace que todo falle*

La buena relación con los demás es más que necesaria, pero no olvides que la cuidas desde ti, y con tu permiso, para que así todo fluya.

## *53. La calma, mi mejor aliada. Busco mi centro*

Es tan fácil de escribir como difícil de aplicar. Tan solo puedo decir que la calma no es antónimo de pasión, fuerza, ilusión, ganas o proactividad. La calma es la forma desde la cual nacen todas estas motivaciones, y todas ellas o son calmadas o son descentradas.

## *54. Confío, dejo de pensar y quito toda distracción fuera. La vida son microsaltos de fe continuos ...*

Cada día, cada minuto, cada momento es un paso dentro de una carrera. La carrera de vivir, donde no competimos contra nadie, simplemente la corremos cada uno con nosotros mismos. Hay momentos que lo hacemos en soledad, otras acompañados, bien o mal, pero acompañados, pero siempre es nuestra carrera. Nuestra suma de pasos.

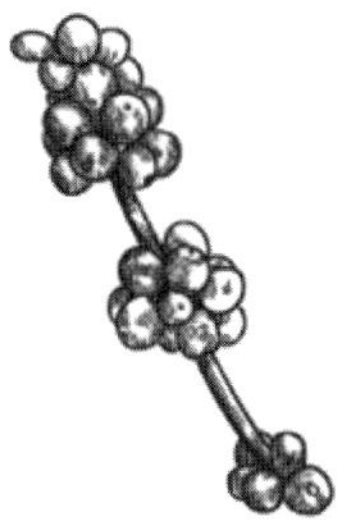

## *55. Si cuando yo soy, no completo a los demás, ... no me culpo. Siento no poder hacer más, pero con ser yo, ya tengo curro para rato*

Ponerse a sí mismo primero, es una parte clave en la vida. Sabiendo gestionar el ego y la consciencia del para qué; ya que tenemos un gran riesgo de caer en la «culpa» que no es más que la creencia impuesta de forma externa a tantas y tantas acciones no validadas por nuestra sociedad actual.

## *56. Hoy por mí y mañana también. De mí para los demás*

No se trata de... hacia dónde, si no desde dónde.

Tener claro el desde es clave para saber dónde ir o hacia dónde quiere uno caminar. Y curiosamente, tener claro el desde, es tener claro el ahora. Puesto que no es más que definir de nuevo el punto 0 de tu partida.

## *57. Conozco mis límites porque los cruzo a diario, y me pregunto si cruzarlos me acerca mi ser...*

Me da la sensación de que el concepto cruzar límites es como cruzar una línea de meta, una línea que está al final del camino, que va desde donde estamos hasta donde queremos estar. ¿entonces? ... cada vez que paso una meta o cruzo un límite ¿me acerco a mi? ¿o me alejo?

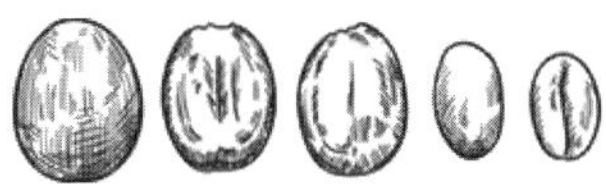

# La paradoja

Durante mucho tiempo en mi vida pensaba que lo que fallaba era todo el exterior y no yo. Con el tiempo aprendí que había una manera sencilla de darme cuenta que no era lo externo lo que erraba, tan sencillo como ser consciente que el elemento común cada vez que las cosas no iban del todo bien, era yo mismo.

Mis relaciones de pareja, mis relaciones profesionales, mi vida familiar e incluso la relación con el entorno y el propio mundo al cual no conocía. Aprendí a ser consciente de que ese elemento común era mi forma de ver la vida, creer desde el más absoluto ego «tener siempre razón», no querer escuchar, no solo a las personas que tenía cerca, y tampoco a mi propio cuerpo, que no paraba de mandarme mensajes advirtiéndome que no era el camino que debía elegir.

Aquí, comienza el gran trabajo de analizarme desde la observación, dejar de señalar a todos con el dedo y darle la vuelta a la mano hasta que el dedo índice presione tu propio pecho. Vaciarme, soltar, aceptar que esa razón tan poderosa que creía tener no era ni más ni menos que un pequeño grano de arena en el universo que me rodeaba.

Y fueron muchos los libros que pasaron por mis manos para demostrarme que estaba equivocado, que el simple hecho de llevar razón, o mejor dicho intentar llevar razón, era un error de base, una forma de buscar protección ante la opinión y confianza de los demás, muy superior a la propia mía. Fue un libro el que curiosamente me abrió los ojos sin ser el objetivo inicial del propio libro, «La Paradoja».

Este libro y su autor fueron esa chispa que hizo comenzar en mí hace más de 20 años el camino más humilde que hasta ahora he conocido, el de reconocer que soy lo que soy y no lo que creo ser.

## *58. Al final estás solo tú. Cuídate*

Así es, al final una historia de autoamor, donde, nacimos solos, estamos solos y moriremos solos. Cuídate tú ya que serás el único compañero que estará contigo hasta el final.

## *59. No olvido todo lo que he vivido para estar en el ahora, todo fue necesario para que hoy sea una realidad. Agradezco todo*

Agradecer. Cuando era más joven no entendía ese sentido de amor que va implícito en el agradecimiento. Debido sobre todo a mí comportamiento egóico, ahora, agradecer es lo que me da luz y me centra.

## *60. Si pienso que el momento que me rodea es el momento de hacer y no de ser... me pregunto: ¿que haré si no soy lo que realmente soy?*

Creo que se trata de no dejar de hacer sin ser tú, sin dejar de ser consciente de lo que haces. A veces las influencias externas y lo que nos rodea, las tendencias o modas, nos embaucan o nos «mal guían» en un camino que nos aleja de nosotros mismos de lo más interno que tenemos.

## *61. Nada es para siempre, ... en todo caso tú y solo en esta vida*

Valorar en todo caso es fundamental y su justa medida, quizás lo que lo complique.

Tanto los problemas o sufrimientos que den la sensación de que sean eternos, como éxitos construidos o recibidos que parecen aportar la felicidad a nuestro mundo. Nada es para siempre.

## *62. Si no marco mi rumbo conscientemente, me lo estarán marcando mecánicamente*

Es algo así como... si no pagas por el producto no olvides que tú eres el producto. Pues pienso en la responsabilidad, como una energía que debe tener cada uno y cuando no la tiene o no tiene las riendas, habrá otro que las lleve, con las consecuencias básicas de cambio.

## *63. Elige la paz. Nos diferenciamos de los animales entre otras cosas porque ellos no tienen una opinión de si mismos. No luches contra ti, y aceptando primero, cambia todo lo que necesites*

Una de las mayores luchas a la que nos vamos a enfrentar en la vida es, posiblemente, la que libremos con nosotros mismos, y radica en nuestra mente, nuestro subconsciente, que nos intenta, y muchas veces consigue hacer creer que somos algo que no somos en realidad. Acepta desde la consciencia y cambia lo que necesites. Solo vendrá.

## *64. Todo cambio en mis circunstancias es una oportunidad para observar y darse cuenta de las posibilidades que uno tiene*

Cada vez que nuestro alrededor cambia, nuestro contador se pone a 0. Las posibilidades surgen tras revisarse de nuevo. Lo que antes no salía ahora puede salir, e incluso lo que antes avanzaba ahora se frena. Cada cambio es una oportunidad.

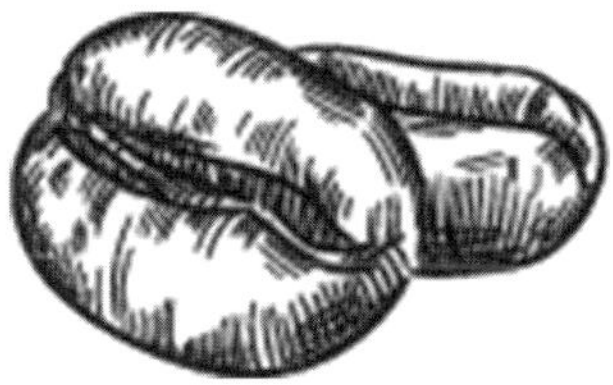

## *65. ¿De verdad crees que dejas de ser, si dejas de pensar?, Dejar de pensar es la muerte del ego, no la tuya*

Muchas veces confundimos que pensar es bueno, pero el pensamiento viene del ego, y no desde la voluntad únicamente, a veces pensamos «sin querer», por eso dejar de pensar es dar paso a empezar a sentir, y ahí está la vida de verdad.

## *66. ¿Crees que ya eres la mejor versión de ti mismo?, o ¿sientes que eres ya la mejor versión de ti mismo? ... ¿Notas las diferencia?*

La diferencia está en que, si «lo crees», estás cerca de estar equivocado, y si «lo sientes» es que ya has llegado. Siempre puedes mejorar.

## *67. El tiempo y la mente son inseparables. Si el mundo estuviera poblado de plantas y animales, solo tendría un pasado y un futuro, ... y a nosotros con nuestra mente nos cuenta conectar con el ahora*

La mente nos aleja del consciente y de tomar «nota» de lo que nos sucede en el momento justo que nos sucede. Acercarnos al animal (sentir) y la parte vegetal (estar) que tenemos es una gozada.

*68. Ahora, sí ahora, es el momento de ser tú,... el momento que más necesitas,... el pasado no define, el futuro nace, pues eso... el ahora.*

Analiza el momento, que es como el agua que mueve el molino, solo es útil en el momento que toca la rueda.

## *69. ¿Cuántas veces tienes que tocar fondo para pensar en ti mismo?*

... hay algunos que tienen el fondo lleno de marcas de darse cabezazos, ... yo entre ellos.

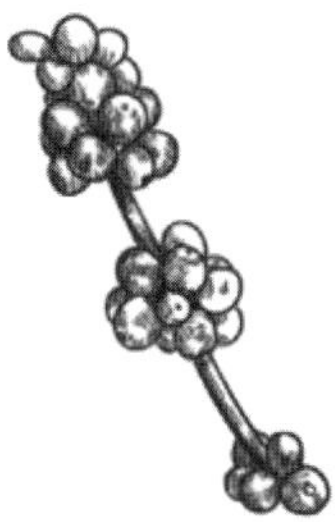

*70. No olvido mirar la vida como un niño. No solo por la ilusión, por las ganas, por la inocencia o por la curiosidad, si no por la ausencia de juicio en mí mismo y los demás*

El autojucio, la opinión sesgada de uno mismo, qué gran carga y mochila para llevar en la vida, ... respira suéltala y libérate de ella.

*71. Si estoy anclado al dolor, lo hago consciente, solo así entenderé que no quiero más y que el sufrimiento no es el camino. Uso la luz de la consciencia para iluminarlo*

El dolor es inevitable, y como tal, hacerlo presente poniéndose frente a él, es seguramente beneficioso, pero no dudes en hacerlo acompañado.

## *72. Puedo porque creo que puedo, porque hay muchos que se quedaron en el camino, y otros no paramos de seguir hasta conseguir*

¡Ay!!! La carrera de la vida con los que nos rodean.

Metas que deben alcanzarse solo, otras acompañados y a veces incluso ni se alcanzan, pero la carrera sigue mientras tu meta siga ahí, sin cruzarse.

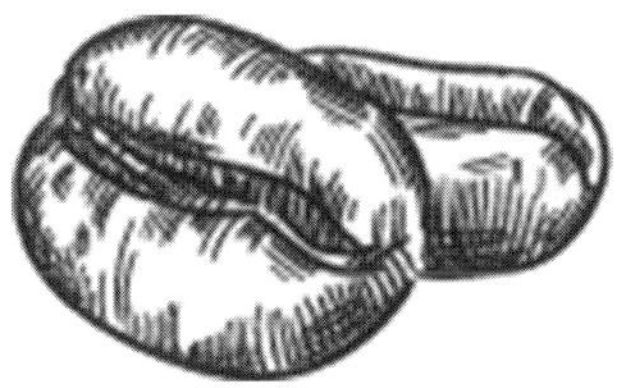

*73. ¡¡Qué equivocado estaba!! El esfuerzo no es mi valor, si no un gran instrumento que funciona al combinarlo con la alegría, para conseguir re-conocimiento, ese momento en el ahora donde uno se vuelve a conocer a sí mismo*

Ni likes, ni seguidores, ni me gustas, el mayor Re-conocimiento es el que nace y termina dentro de cada uno.

## *74. ¿¿¿De verdad???, a qué espero para practicar el respeto a mí mismo, la admiración a mí mismo, el auto afecto y mimarme. Me lo merezco*

Con el tiempo aprendí que el respeto a mí mismo, no se trata de darme caprichos, si no de dedicarme tiempo. Observando lo que necesito. Sin juicio.

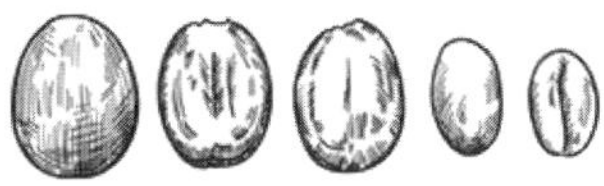

## *75. Yo no puedo ser libre en el futuro, la presencia es mi llave a la libertad, solo puedo ser libre ahora*

Fui, o seré libre, son anhelos y sueños que no llenan tanto tu ser como decir «SOY LIBRE».

*76. La intranquilidad, el estrés, la ansiedad, la preocupación... todas las formas de miedo son causadas por el exceso de futuro, y demasiada poca presencia*

Esta es de las más difíciles de gestionar, la única que a mí me ha dado luz, es trabajar la respiración, conocerla y darle su sitio para que me aleje del futuro.

# El presente

Estar aquí, ahora en este preciso y precioso momento. Yo descubrí este paso en la vida de cada uno, de una manera muy divertida. Un refrán modificado que reza así. «no por mucho madrugar, abre antes la churrería». Aunque os parezca mentira los refranes son importantes en nuestro día a día para tomarlos siempre desde el cariño y como sabiduría popular. Sin embargo, para mí fue una forma de hacerme consciente, de no poder hacer mañana, lo de hoy porque mañana no existe, y muy posiblemente dependiendo de lo que hagamos en el ahora, existirá de un modo u otro.

¿Y el pasado?, Ya pasó. Ya solo es un recuerdo que podemos mover, olvidar, guardar, remover, o incluso usar como arma auto arrojadiza, cuando nos culpamos o lo arrastramos como en nuestra mochila emocional. Pero de eso debemos responsabilizarnos nosotros. Yo di el paso, y fue desde la aceptación de mi yo en el ahora. En un todo con mis defectos, mis virtudes, mis canas, mis kilos de más, mi nariz grande y mi relación con los demás. Aceptando que en ese momento soy y estoy, pero solo en ese momento. Ni antes ni después, observándome desde el punto de vista del no juicio, de la compasión incluso desde lo más puro, desde el amor. El amor a uno mismo en ese momento. Sin ego, con calma y con el conocimiento de que todo está bien como es. Es la base de nuestra aceptación, desde la posición del observador, como si saliéramos de nosotros mismos, dejando a un lado a nuestro ego, a nuestra mente en definitiva. Aceptando, en definitiva, que no por madrugar dejaremos de ser lo que somos.

## *77. La culpa, las lamentaciones, los resentimientos, las quejas, la tristeza, la amargura y todas las formas de falta de perdón son causados por el pasado y la falta de presencia*

Lastres, cargas, mochilas, pesos que incluso nuestro cuerpo no está diseñado para verlos, nuestro cuello no gira 180 grados. No tienes ni que caminar, solo estar, sentir el pasado, pero no su peso, para así conectar con el ahora.

*78. Buscar la respuesta a mi alrededor no es malo, pero recuerda la respuesta no es la solución, ... ésta la tienes dentro de ti*

Preguntar, oír, analizar, contrastar, volver a analizar, mil veces, una tras otra, y solo una será la que te ayude, cuando la sumes a la toma decisión, mientras solo son pensamientos.

*79. Dejé el miedo a un lado, porque dejé de pensar e imaginar el futuro. Ahora es el presente lo que me ocupa y fui más feliz que nunca*

Es tan potente creer en ti y en el contacto del presente, que las tretas sobran en ciertos momentos y dejan paso a tu propio ser.

## *80. Lo acepto, soy lo que soy, no lo que creo que soy. No menos o más que, no mejor o peor que, una vez me acepto, crezco hoy, desde ahora y en adelante*

Aceptar es una fase necesaria, básica y e imprescindible para seguir andando. Lo más difícil es la parte de aceptación propia, ... la de uno mismo, sin embargo es la más fructífera y reconfortadora de todas, por no decir la única.

*81. Cuando llego a estar conmigo, rodeado de gente, de ruido, de lo que me rodea, ... y siento ese silencio y contacto con mi interior, ahí es. No busco más*

Un punto que está dentro de nosotros, un momento que solo podemos elegir cada uno, un silencio que provocamos de forma consciente. No busques más, siéntelo.

## *82. Buscar el momento idóneo no es perseguirlo, solo dejo que todo se cuadre y lo siento*

Rendirse, no es dejar de luchar por algo, es dejar de luchar contra ti mismo. Es por lo que es un acto inteligente y no cobarde. Todo toma la forma que necesita en el momento que debe suceder, no cuando nosotros lo queremos, si no cuando lo sentimos.

## *83. Pienso luego existo. ¿Y si no pienso? Es cuando realmente existo, es mi ser el que está, no yo*

Cuando te das cuenta de que dentro de ti hay dos, te das cuenta de la diferencia real entre pensar y sentir.

Yo mismo: tu ego, la parte de la inconsciente, la involuntaria.

Tu ser: tu interior, tu sentir, tu consciencia, tu presente.

## *84. El poder sobre los demás es la debilidad disfrazada de fuerza, el verdadero poder esta dentro de uno mismo y ahora. Siempre*

Cuando tu fuerza y poder lo usas para controlar tu entorno, tu mundo, todo lo exterior es una dictadura. Ejerce ese poder en ti y descubrirás el auténtico desbloqueo.

## *85. Si me libero del tiempo, el sufrimiento y los problemas acaban, tan solo acercándome al ahora*

No hablo de que los problemas se desvanezcan como el vapor que sale de una olla, pero si sucede ante nuestros ojos, que pierden fuerza y se hacen tan pequeños que dejan de ser problemas, y a su vez el sufrimiento que acarreamos, si nosotros somos quienes permitimos que el sufrimiento se genere.

Nuestra mente es así cuando la dejamos en el subconsciente.

## *86. «y esperando, se dio cuenta que esperaba... empezar a vivir, que quería el futuro y no el presente, ... y perdió su vida esperando»*

La espera es un estado de ansiedad disfrazado de descanso, una calma impostora, que nos hace creer que lo que vendrá por ser futuro, será mejor que lo que estemos viviendo, y así, sin hacer nada... más que esperar. No te auto engañes.

## *87. Solo estoy en ... mí pasar de vivir más (futuro) a vivir el deseo (ahora)*

Quiero vivir hasta ser muy mayor, quiero vivir mucho, quiero hacer muchas cosas.... yo las cambiaría por quiero vivir con salud ahora, quiero disfrutar el momento, estoy haciendo lo que siempre quise, me equivoco y aprendo.

## *88. Sonreí y comprendí que todo lo que buscaba estaba en mi propia aceptación*

*A veces aceptar es parte de una rendición, pero no entendida desde la derrota, al contrario, desde el vencimiento. Rendirse significa no ofrecer resistencia, no ir contra la naturaleza, adaptar otras formas.... Y para muestra un botón.*

Mahadma Ghandi

## *89. Todo mi poder no está en lo que pienso y cómo lo pienso. Todo mi poder estar en mi silencio interior*

Si te sinceras contigo mismo, intenta recordar cuando te sentiste más fuerte, cuando no paras de pensar en todo, intentando controlar y ordenar, o cuando respiras y estas fluyendo. Tu fuerza silenciosa mueve tu cuerpo y a los que te rodean incluso.

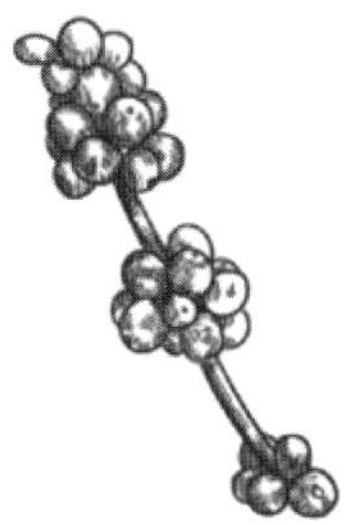

## *90. Las tripas son tu segundo cerebro, óyelas, no engañan*

Alimentarse bien, es pensar bien, no pensar, dejar fluir, respirar adecuadamente. Todo lo que entra en nuestro cuerpo es alimento y como tal debes cuidarlo, estas hecho/a de lo que te alimentas.

Y a veces las entrañas te hablan, en forma de intuición, de suspiro, de apretón, todo tiene sentido.

## *91. Vivo mi propio show de Truman, así que navego y rompo mis limites*

Gran película que nos muestra cómo es la vida de otro, sin embargo, verla de nuevo pensando que eres Truman, cambia la cosa, salir de la monotonía y el juicio externo que te hace libre y te muestra tu verdadero yo.

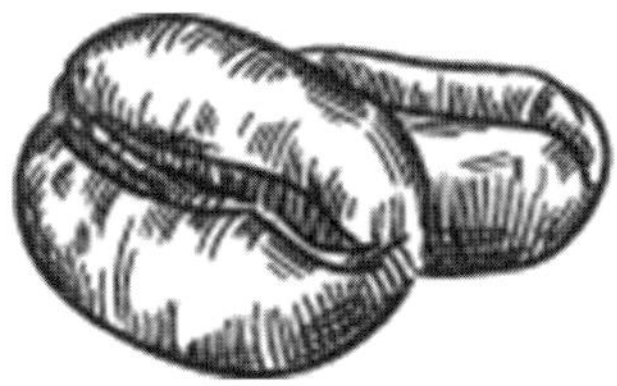

## *92. Si no tomo las decisiones en mi vida con inteligencia emocional, la inteligencia artificial lo hará por mí, el problema es cuando no notes la diferencia*

El gran problema de la auto gestión emocional, que siempre existe, nunca está ausente, sin embargo, cuando creas que no es necesaria, es cuando más necesaria será. Ojo y cuidado con quien te gestiona a ti.

*93. Se aprende más de la adversidad que del éxito, ... por eso aprender del éxito se torna imprescindible, sino ¿de qué sirve el éxito?*

El éxito en si, no es la meta, no el tener, ni el llegar al objetivo. Yo lo veo como el beneficio del camino. La vida es el disfrute del camino, sin el aprendizaje del propio éxito ¿por qué querríamos perseguirlo?

## *94. En algún momento de mi vida debo vivir en un lugar donde lo ordinario se convierta en extraordinario*

Simplemente es una forma de ayudarme, de ver como la vida es mucho más de lo que a veces uno tiene delante. Aprender que otros viven con un 2% de lo que tú tienes, hacer valorar cada segundo, cada euro, cada momento.

*95. En el camino todos los pasos son importantes, incluso lo que no doy en la dirección correcta, esos son los que me enseñan a tener experiencia y no dar más pasos de la cuenta*

Andar. Solo andar es importante, siempre en la consciencia. De este modo nos damos cuenta que a veces el camino no es el idóneo, sin embargo, al estar presente, podemos aprender en el momento y hasta el paso erróneo nos es de ayuda, para saber hacia dónde dirigirnos.

*96. Dejo salir lo que tengo dentro, a veces mi mente me lo impide, pero hablo con los míos y me dan consejo. Porque si evito contar o compartir mis ideas, fracasarán sin que nadie se entere*

No es fácil soltar, no es fácil compartir la carga, pero es parte del valor de la familia, la que eliges. Porque tu familia cercana, te ha tocado, pero puedes elegirla también. Elige compartir tu camino. Triunfarás.

*97. He llegado a la cima de la montaña, lugar pequeño, frío y con aire escaso. No es un lugar para vivir, solo para estar y disfrutar un tiempo, y comprendo que debo bajar para seguir viviendo y tener la oportunidad de volver a subir, ... porque si me quedo arriba moriré*

Ser consciente que llegar a conseguir tus metas no significa que debas quedarte a vivir en ellas. Hay objetivos que, como la vida, son como una sucesión de puntos que unidos generan una línea continua. Si te queda en uno de los puntos, la línea se para y dejaría de existir.

## *98. Soy tan flexible que a veces le doy la vuelta al mundo para llegar a las metas más deseadas*

Ser flexible es ser paciente, reflexivo, comprensivo, adaptativo e incluso calmado. Toda dureza y rigidez será pasto de nuestro propio sufrimiento.

## *99. Hasta qué punto soy consciente de lo sistematizada que es mi vida*

Todos vamos como locos en algún momento de nuestras vidas, a veces en tiempos duraderos, y en otras veces instantes fugaces. Todo para conseguir hacer más y llegar más lejos, con lo que sistematizamos y hacemos rutinas que nos ayudan a conseguir nuestras metas. Piensa que no es lo mismo hacerlas conscientemente que dejar que surjan por influencia externa.

*100. El ser humano tiende a buscar culpables internos y externos «culpahabilidad» pero también tiene la virtud de crear la capacidad de ser amable «amar-habilidad»*

Las habilidades que cada uno tenga son fruto del cultivo propio. No nacemos con ellas, son el resultado de una mezcla de repetición, placer, aceptación y con toques de necesidad.

Sé generoso y muestra tus habilidades.

*101. Esperar que la vida me trate bien tan solo por ser buena persona, es como esperar que un león no me coma por que soy vegetariano*

No se trata de esperar que el universo te muestre el camino, el camino eres tú, vívete y vive el camino. Siente el momento y no dejes de jugar el partido porque no tengas en ese momento la pelota.

# Información sobre el autor

Xanty Elías, Huelva. 1980.

El autor no es más ni menos que. Cocina felicidad desde 1994, y tras un proceso largo que inicia en el año 2010, busca desde la inconformidad personal, un camino para el crecimiento, para autoconocerse, para comprenderse, y con la finalidad de aceptarse y fluir.

Tras conseguir en su ámbito profesional diferentes objetivos y logros dentro del mundo de la gastronomía, dedica gran parte de su tiempo a recoger estos pensamientos y crear esta obra de ayuda y soporte.

No pretende sentar bases y conoce que su fondo literario no es profesional dentro de la psicología o terapia, tan solo compartir una visión personal sobre la vida, que ha transmitido valor, y ayudar a muchos como ha podido comprobar a través de las redes sociales.

Una obra dedicada, donde la otra mitad la pone el lector, por eso tiene un valor tan personalizado.

Aquí te dejo una lista de canciones seleccionadas para acompañarte en Tú café de pensar o en el momento que prefieras. Escanea con tu móvil desde la App Spotify.

Puedes localizar al autor como @xantyelias en Instagram o Facebook y en «ClubHouse».